JN437809

녹피 경전

책 만 드 는 집 시 인 선 114

녹피 경전

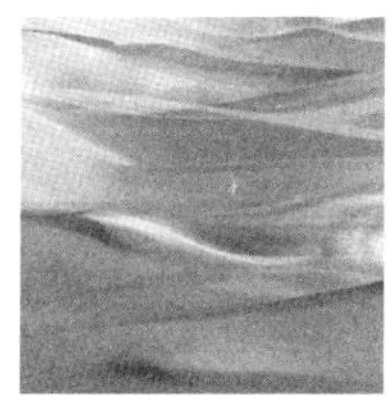

김영재 시집

책만드는집

| 시인의 말 |

실크로드 세 번째 여행지는 중앙아시아였다. 우즈베키스탄의 타슈켄트, 사마르칸트, 부하라, 히바를 거치면서 사막을 횡단했고 초원을 가로질렀고 호수에 발을 적셨다. 쏟아지는 별을 헤며 유르트에서 잠 못 이루는 밤을 보냈다. 그렇게 열흘이었다. 이슬람의 성도聖都이며 우즈베키스탄 수도 타슈켄트에 있는 사원박물관. 세상에서 가장 오래된 이슬람 경전(코란)을 친견하는 행운을 얻었다. 이슬람 기록문화유산 최고 보물인 이 코란은 일부가 없어지고 338쪽이 사슴 가죽에 남아 있었다. 얼마나 많은 사슴이 헌신했는지 상상하며 시조 한 편 썼다. 「녹피 경전」이다. 시집 제목으로 앞에 놓았다.

비어 있는 듯했지만 가득 차 있었고 죽어 있는 듯했지만 거칠고 더 싱싱하게 사막은 살아 있었다.

내 시조가 그랬으면 좋겠다.

-2018년 10월

김영재

| 차례 |

1부

2부

3부

4부

1부

타클라마칸

없는 길 열어가며 건너간다 타클라마칸

가는 사람 많았어도 돌아온 사람 없다

어차피 돌아올 수 없는 우리가 가는 그 길

티무르 황제

황제는 다리 한쪽 기꺼이 내주었다

한쪽 다리 내주고 제국을 얻었다

제국을 호령했지만 곧게 서지 못했다

녹피 경전

사슴이여 야생이여 그대 가죽을 벗겨

인간을 인도하는 신의 말씀 기록하노니

사막의 모든 족속들은 머리 숙여 경배할지니

사람이 한 번이라도 제 가죽에 경전을 적어

형제를 깨우쳤으며 제 몸을 헌신했느냐

녹피여 그대는 영생으로 뭇 생을 구했나니

사막 열흘

버리고 온다는 게 더 가지고 돌아왔다

낙타를 탄다는 게 낙타에게 끌려다녔다

발자국 지운다는 게 무수히 남겨놓았다

낙타는 냄새로 폭풍을 예감한다

낙타가 멈춰 섰다
모래폭풍 몰려오려나

앞무릎을 꿇는다
사뭇 조심스럽다

콧등을 벌름거리며
바람 냄새를 맡는다

아기 미라 1

실크로드 박물관에 강보에 싸인 채로

유리관에 누운 모습 요람인 듯 평온하다

엄마는 비단길 가셨나 혼자서 잠들었네

씨 없는 포도

서역의 투루판에서 건포도를 먹었다

포도주가 될 수 없는 너무 단 씨 없는 포도

씨앗이 없다는 것은 온 생을 다 준다는 것

내가 사막에 온 것은

내가 사막에 온 것은
사막을 건너서
세상의 끝이 어디인지
알려고 온 것이 아니다
사막의 사막 너머로
해가 지기 때문이다

움직이는 사막

–김추인 시인

사막은 그 자리에 있는 것만 아니다

있다가 사라지고 사라졌다 다시 온다

가슴에 사막을 품고 살아가는 시인이 있다

아기 미라 2

아기의 몸에서
영혼이 떠나가고
홀로 남은 아기는
사막 무덤 되었다
온몸의 물기가 말라
썩지 못한 주검이었다

주검도 삶이라고
말을 걸고 있는 아기
까만 눈동자 먹구슬
사막 농장의 포도알
이승의 짧은 생애가
별들을 바라보았다

열반 부처

일만 불一萬佛 친견하러 소적석산 찾아갔다

병영사 황토 절벽 굴에 갇힌 온갖 부처들

맨 끝에 맨발로 누워 있는 열반 부처 보았다

내 안의 사막

그대는 나에게
목마른 사막이었으니
어린 낙타 동무 삼아
물 한 통 가져가리
뭇별들 길을 감춰도
모래바람 헤쳐 가리

쿠무타거 사막

사막에 해가 지려면 백 년은 더 가야 한다

일몰을 맞이하러 지프로 질주했다

서역의 붉은 덩어리 모래산에 걸렸다

사막을 건너는 법

사막을 건너려면 해골을 만나야 한다

해골은 죽은 자의 산 자를 위한 이정표

해골의 마른 눈물을 맛본 자만 살아남는다

화염산

낙타를 빌려 타고 화염산에 올라가

낙타는 돌려보내고 불길로 치솟다가

다 타서 검은 재 되어 낙타 다시 부르리라

사막

당신이 사막이라면
풀 한 포기 가꾸지 마라
죽음을 생生인 듯
껴안고 있음이여
죽음이 죽음을 견디며
생명을 잉태할 것이니

2부

작별 상봉

눈보라 몰아치는 삼월의 백록담

눈 뜰 수도 없었고 서 있기도 힘들었다

백두가 아득도 하여 작별 상봉 떠올랐다

한밤중에

가난하던 그때 꿈을 많이 꾸는 노시인을

어젯밤 꿈속에서 우연히 마주쳤다

반갑게 인사를 할까 민망해 꿈을 깼다

가난하다고 외로움을 모르겠는가* 물어 오던

비어 있는 하얀 손 아린 마음 낮은 음성

먼동이 아직 캄캄한 한밤중에 듣는다

* 신경림 시 「가난한 사랑 노래」에서 따옴.

점자를 어루만지면

눈으로 읽을 수 없는
점자를 어루만지면

죽었던 신경들이
손끝에서 살아난다

왕모래
한입 삼켜도
울지 않던
심장이 운다

폐교에서 하룻밤

입학 날 학생 없어 폐교된 시골 학교

하룻밤 묵으면서 별들을 불렀더니

눈빛이 초롱초롱한 아이들이 달려왔다

고향을 뒤로하고 떠나간 사람들은

이룬 꿈 있었지만 잃은 꿈도 많았겠지

깊은 밤 별 하나 내려와 곤한 잠 짚어준다

정처

사는 일에 정처가 어디인들 있으리오

가는 길이 정처이며 머무르는 곳 정처임을

험한 길 떠도는 자여 그대가 정처 아니냐

무소유

자이나교 성자 마하비라는
알몸이 무소유라 했다

죽음을 사색하는 싯다르타는
욕망을 끊으라 했다

서울에 뒤섞인 사람은
돈 없어 무소유라 했다

그, 시집

세상을 홀연 떠난 시인의 유고 시집

만취되어 집에 와 늦은 밤에 펼쳤다

그 사람 웃는 얼굴과 약력만 보고 잤다

서문은 아예 없겠고 서시는 어떤 시일까

피는 꽃 그늘에서 시 한 편 건졌을까

꽃 지고 열매 맺을 무렵 떠나갈 줄 알았을까

그늘

뙤약볕 속 그늘은
사람을 불러 모은다

그늘이 비좁아도
아무런 불평 없다

작아도
넉넉한 살림
그늘에서 배운다

장생포

아기 고래 만나러 울산 바다 찾아가네

반구대 암각화의 할아버지 고래도 좋지만

부챗살 힘찬 꼬리 들어 파도를 후려치는

사랑도 이쯤 되면 해갈의 그리움이리

외로움이 없다면 허공으로 왜 솟구치랴

온 바다 온몸으로 끌고 와 장생포에 풀어놓네

내 안의 풍경

하나 둘 셋 넷
제자리 서
하나, 둘!

우향우 좌향좌
새순 돋는 산골 학교

학생도
어린 선생님도
봄별이랑 잘 놀았다

출렁다리

너와 내가 만나서 매듭으로 묶인다면

매듭은 또 하나의 단단한 매듭 되어

사람과 사람 사이를 출렁이며 이어가리

백 세 어머니

–현기영 형

일흔 지난 아들이
고향 집
찾아갔다

홀로 계신 구순 노모
뉘시여!
환히 웃는

아무도 몰라보면서
사람이
그리웠던가

백 세 되신 정월에
어머니
길 떠나셨다

한라산 중산간
선산에 고이 모신

그분은 백 년 세월을
섬 떠난 적
없으셨다

자정 지나

밤하늘 별을 보며 줄담배를 피웠다

밤 소나기 퍼붓듯 매미가 떼로 울었다

잠 못 든 생生이란 것이 나 말고도 있었다

도적

화염산에 올라가 뭘 했느냐 묻는다면

삼장법사 손오공 친구 되어 노닐다가

불길 속 화염산 불화佛畵 훔쳐 왔다 말하겠네

키 작은 아버지

–유성호에게

어버이날 지나고 스승의 날 슬쩍, 지난
하늘 파란 오월 모일 친구 아버지 가셨다
망望백세 키 작은 아버지 어머니 뵈러 가셨다

교수 아들 상 받는다
이발하고 오신 아버지
가족 소개 받으시고
소년처럼 수줍던 아버지
또다시
오월이 오면
어떻게 안부 전할까

가시는 길 편했을까 아니면 더뎠을까
내 허리 다쳐서 큰절 한번 못 올리고
돌아온 장례 언덕길 눈물인 듯 찔레꽃 지네

3부

산다는, 그것

산다는, 그것이
상처거나 주름이거나
얼굴과 가슴 깊이
새겨져 있을 것이다

그 모습
어떤 무늬라도
일생이 걸렸다

그랬다
산다는 것은
상처 혹은 주름이다

아파도 아파할 수 없던
참혹한 날들이여
다시는 그곳 그 자리에
가 앉지 않으련다

후진

사십 년 탄 내 차는
후진이 서툴다

아내는 옆자리에서
주인 닮았다 타박이다

뒷걸음
칠 줄 알아야

사는 일 편할 텐데

탱자 남자

검푸르게 돋아난 탱자나무 가시를 본

오십 줄 남자는 군침이 확 돈단다

고향 집 탱자 울타리 탱자 맛 그립단다

어머니 안 계시고 아버지 더 일찍 가시고

어린 날 탱자 닮아 똘망똘망 오십 줄

가을볕 가물거리는 고향 집 그립단다

겨울 빨래

한겨울 빨래 되어 널려본 적 있는가

널려서 서걱서걱 얼음으로 저무는 날

얼어서 싱싱한 목숨 하늘이 움칠, 한다

유리창

너를 통해 세상이 방 안으로 들어온다

너를 통해 갇힌 것들 세상으로 나간다

나가고 들어올 때마다 맑아지는 유리창

뜨거움

요즘은 마른 눈물이 민망하게 흐른다는

아내 떠난 선배와 취하도록 마셨다

빈 병이 엎어질수록 식어가는 뜨거움

명상란

소설가 이경자가 명상란을 보내왔다
계란이 명상 중인지 그걸 먹고 명상하란 건지
잘 몰라 전화했더니 자기도 모르겠단다

계란이 명상하는 어지러운 세상살이
알을 깨서 명상을 해? 그냥 두고 명상할까!
생각이 아픈 것이다 삭신이 쑤신 것이다

육십 지나

꾼이 되는 희망이
허망한 줄 알지만

산山꾼
시詩꾼
소리꾼
나를 속이는 사기꾼

꾼으로 살아보겠다는
허망함이
좋은 나이

서운암 된장

콩잎 같은 가을볕이
가물가물 기우는 날

서운암 된장이
향기롭게 도착했다

어머니 들일 돌아와
어둑어둑
끓여낸 맛

시골길에서

ㄱ 자로 걸어오신
할머니 건네는 말씀

밤이면 별 보이고
비 내리면 빗소리

뭐 볼 것 하나도 없는
시골에
왜 왔냐고

속절없이 들려오는
할머니 염려 속에

따뜻하게 스며드는
여백이 한 뼘이다

나이는 드는 게 아니라

닦여가는

것이다

전각 작가

칼 맛을 알아달라는
그 사람 나는 안다
한 칼에 한 잎씩
피어나는 꽃숭어리
칼끝에 꽃을 피우는
그 사람이 꽃이다

진주 남강

꽃등 달고 유장하게
남강 물이 출렁인다
겨레의 수난사를
잊지 말자 되새기며
어여쁜
새끼 어르듯
두둥실 춤을 춘다

비석

나도 내 비석 하나
산길에 세워볼까

오래전부터 오른 산길
나도 좀 쉬어볼까

비석은 죽은 자의 증표
살아 세워야 자랑인 세상

시조 쓰는 밤

시조는 석 줄이라 쓰기가 쉽겠다고

무턱대고 덤벼들어 두 줄을 쓰고 나니

석 줄째 글문이 막혀 밤을 꼬박 새웠다

석 줄이고 넉 줄이고 백지를 채워갔다

줄줄이 읽어가며 고쳐쓰기 수십 번씩

다 됐다 글을 놓는데 신열인 듯 오는 공복

안나푸르나

마음속
아름다움
눈으로 볼 수 없다

만년설에 꽂히는
이글거리는
빛의 속도

말없이
잠들어 있는
박영석* 심장 소리

* 1963-2011. 산악인. 2011년 10월 안나푸르나 남벽에 코리안 루트 개척에 나섰다가 실종됨.

희망 없다 혀를 차네

정년을 잘 마치고 홀가분한 친구끼리
한잔이 이 차 삼 차 비틀비틀 돌아온 밤
아내는 술이 그리 좋으냐 묻고 또 물었다

한 달에 한 번꼴로 뭉쳐서 마신 날들
그러기를 몇 달 지나 아내가 또 물었다
술 말고 해야 할 일이 그렇게 없느냐고

아하, 이거 큰일이네
이 나이에 뭐 할 게 있나
만나서 사고 안 치고 놀다 오면 그만이지
그 말을 귀에 담은 이네
희망 없다 혀를 차네

반야

–사성에게

돈황 야시장 노점
책 한 권 놓여 있다
겉표지와 속표지
'반야般若'라 쓰여 있고
펼쳐 본
책장 속에는
아무런 글자 없다

4부

나무들이 사는 법

나무가 자라면서 사이가 좁아지면

나무들은 하늘 향해 키를 조금 높인다

이웃을 밀치지 않고 사는 법을 익힌 것이다

보트는 달아났다는데

2017년 1월 5일
중앙일보 10면 하단

진흙탕에 엎어져 숨져 있는 아기 사진
미얀마 소수민족의 16개월 된 난민 쇼하예트

누가 왜 어째서
아기는 죽었을까

엄마 품에 안겨서 피난 보트 탔다는데
군인의 총격을 피해 보트는 달아났다는데

행복

첩첩산중 산마을에 노부부 살고 있다

사는 게 밋밋해서 강아지와 닭 키운다

그 모습 하도 싱거워 바람 불고 눈 내린다

고택에서 하룻밤

느리게
저녁 먹고
느리게
몸을 눕혀

느리게
오는 잠을
느리게
밀치면서

서책을 느리게 펼친다
그믐밤
더 느리게

옹이

나무는 언제부터
옹이를 키웠을까

징채처럼 뭉뚝한
혹을 달고 벼랑에 선

나무는 바위를 닮아
자꾸만 단단해진다

비바람 몰려와도
다부지게 버틴 결기

깊은 속 순할수록
속살이 하얗다

그렇게 살아오면서
옹이를 키운 것이다

감기는 첫 연애처럼

어디에서 오셨는지
언제쯤 떠나실지
내 몸 찾아와서
열꽃을 피우시네

맨 처음
몸앓이 그때
곡기 끊자 하시네

저울

마음을 달 수 있는
저울이 있었으면
봄이 오고
꽃 피면
봄도 달고 꽃도 달고
지는 꽃
사랑도 가늠하는
실눈금이 희미한

우즈벡 아리랑

고국 떠나 유랑하던 고려인이 키운 목화

우즈벡 너른 초원 팝콘으로 피었다

무작정 목화밭 들어가 아리랑 춤을 췄다

능소화 기어오른다

오를 만큼 올랐으면 멈출 만도 했건만
능소화 서러운 빛 자꾸 기어오른다
늦더위 질기게 휘감고 붉디붉게 살아간다

능소화 뒤켠에 배롱꽃 피고 지고
생의 날것들이 멍처럼 익고 있다
저승길 노을이 진다 이보다 찬란할까

변방

잊을 만한 그 배우
시골 버스 광고에 있었다

늙지 않은 그 모습
조금 잊혀졌을 뿐

인생은
내키지 않아도
변방이 있는 것이다

단비

밥보다 더 반가운

단비가 찾아왔다

목마른 논바닥이

스멀스멀 물 먹는다

목젖이 울컥하도록

도지는 시장기

옹기종기

고향도 수몰 고향
겨울날 가보았다

마을로 가는 길이
흔적만 남아 있고

살얼음
깔린 웅덩이
송사리 떼 옹기종기

나이대접

자기 몸 나이대접
자기가 안 하는데

과음 과로 골골하며
자기 관리 안 하는데

그 누가
나를 나만큼
사랑할 수 있을까

겨울바람

성당 지붕 꼭대기에 머무는 겨울 햇살

그 곁에 바람 한 점 쉬어 갈 수 있다면

그물에 걸리지 않는 하룻밤이 편하겠네

눈 내리는 백담사

눈 내리는 백담사 무금선원 얼핏 보니

묵언정진 벽 속에 용쓰는 학 한 마리

허름한 누더기 털고 허공 멀리 떠나시네

태풍 전야

싸대는 바람 소리 닭살 돋게 불어온다

건천이 범람하는 저녁이 닥쳐오리

강둑의 어두운 시간 풀들이 눕고 있다

강물이 넘친다고 산 하나 없어지랴

올곧은 저 나무도 가지 몇 개 버릴 거고

비구름 하늘 저쪽에 꿈꾸는 세상 있다

타조는 날개로 날 수 없는 동물이다

날 수 없는 날개로 우리 안을 빙빙 도는
미스터 타조는 짝짓기 춤의 명수
날개란 날 때만 쓰는 게 아냐
사랑할 때 더 필요해

사막은 좌우가 없다

사막 횡단 차창 밖 전후좌우 모래다

졸다가 깨어나 이 생각 저 궁리 해봐도

사막은 모래뿐이다

좌우가 없었다

종일을 가도 가도 아스라한 모래 위에

살아 있기도 했지만 죽어 있는 호양나무

생사가 별게 아니었다

그 모습 당당했다

|해설|

둥글어진 상극이 빚어내는 동행의 미학

정용국 시인

인간의 수명이 백 세에 이르게 되었다는 풍설이 이제는 현실로 다가와 있다. 이러한 현상은 우리의 생각보다 훨씬 더 다급하게 다가온 것이어서 국가기관들조차도 급변하는 상황에 적절하게 대처하지 못하고 다양하게 진행되어야 할 대책은 미비한 채 곳곳에서 심각한 결과를 초래하고 있다. 이렇게 애매한 시대를 살아가는 인간의 대응도 미비하기는 마찬가지여서 60대에 퇴직한 후 특별한 대책도 없는 불투명한 과도기를 살고 있는 것이 대개의 처지이다. 그러나 책을 만드는 김영재 시인에게는 정년이라는 것이 없을 뿐 아니라 발표하는 작품의 수와 내용을 보아도 여전하다. 그가 수행하고 있는 업무량과 행동만을 보면 나이를 가늠하기 어렵다. 또한 이번에 출간하는 그의 새 시집 『녹피 경전』에서도 변함없는 산행은 물론이고 사막에 도전하는 새로운 모습을 볼 수 있다.

시인은 누구나 나름대로 일정한 목표를 정해놓고 열성을 다해 나아가고 있지만 본인을 비롯한 어느 누구도 감히 '완성'의 경지를 왈가왈부하기는 쉽지 않다. 한 시인의 작품 세계는 습작기를 거쳐 등단한 이후 꾸준하게 성장하고 사회의 각종 현상에 부딪히며 상처를 입거나 반응하면서 정상을 향하여 항진한다. 창작과 생존이 겹치는 일상에도 불구하고 시인은 부지런히 변하는 사회현상과 인간관계에서 유발되는 모순과 병리 등에 대해 나름대로 판단하고 끊임없는 관찰과 자성의 시간을 통하여 작품을 구상하고 창작하는 단계에 이르게 된다. 이러한 길고 긴 여정을 거치며 시인으로서 연륜이 쌓이고 다양한 사회 변화에 접하면서 독창의 선을 추구하기 위하여 진력한다. 그래서 시인의 전작 시집들을 찬찬히 살펴보고 그가 걸어온 삶과 고뇌의 흔적들을 반추해보면 어느 시인의 말처럼 '외롭고 높고 쓸쓸'하면서도 '듬직하고 고즈넉한' 시인의 길이 선하게 보인다.

이러한 측면에서 김영재 시인을 톺아보면 새 시집에서 그가 보여주고 있는 변화는 다분히 둥글고 더욱 깊어졌다는 것이다. 삶이란 것이 주변과 마찰하고 대립하며 각을 세우고 살아야 하는 날들이니 얼마나 많은 상처들이 생겼을 것인가. 그렇게 한때 곪은 상처를 끌어안고 속을 끓였겠지만 이제는 그 상처를 통하여 넓어진 안목과 타인을 배려하는 마음으로 먼 곳까지 내다보게 되는 것이다. 거칠고 팍팍한 도시의 한복판을 쉼 없이 헤쳐 나온 그의 열정적인 시간을 통하여 숙성된 시편에서는 상생도 상극도 모두 내 편으로 만들고 있는 서늘한 모습을 볼 수 있을 것이다.

1. 궁즉통窮則通과 상극의 조화

김영재 시인은 출판사를 경영하는 사업가이며 시조를 창작하는 시인으로도 부지런하다. 또 한 가지 빠뜨릴 수 없는 것은 그가 바쁜 시간을 내어 즐기는 산행이다. 그는 아예 출근 복장이 산행을 위한 기본 차림일 때가 많다. 연전에는 안나푸르나를 다녀왔고 작년에는 타클라마칸 사막을 다녀와 동지들과 함께 『사막에서 열흘』이라는 공동 시집을 출간하기도 할 만큼 그에게서 '산'은 일상과 분리하여 말하기 어려울 정도로 밀접하다. 그래서 그의 시집에는 산과의 대화가 즐비하다.

새로 상재하는 『녹피 경전』은 사막 여행을 다녀와 갈무리한 작품이 주류를 이루고 있다. 젊은 나이도 아닌데 왜 하필이면 사막 여행을 갔느냐고 구시렁거릴 사람도 있을 것이다. 산이나 들판에는 아름다운 꽃과 나무도 있고 너른 강이 있어서 볼 것도 많고 한결 수월할 텐데 사막은 우선 뙤약볕과 더위와 갈증이 동시에 육신을 압박하는 삭막한 여정이었을 터이기 때문이다. 그런데 특이하게도 시인은 인간이 적응하기 어렵다는 악조건 속에서 극한의 아름다움을 읽어내고 있었다.

당신이 사막이라면
풀 한 포기 가꾸지 마라
죽음을 생生인 듯
껴안고 있음이여
죽음이 죽음을 견디며
생명을 잉태할 것이니

—「사막」 전문

동양철학의 한 개념인 음양오행설에서는 '균형이 깨져 우주의 질서가 무너지고 만물이 소멸되는 형상을 막기 위해 기운을 조정하는 것'을 상극의 참뜻이라고 설하고 있다. 언뜻 듣기로는 역설의 개념이기도 하지만 적당한 자극을 주어서 기초가 크게 무너지거나 흐트러지는 것을 사전에 방지한다는 뜻으로 해석할 수 있다. 힘의 충돌과 대결로 상대를 지배하고 복종시켰던 과거의 전쟁 형태가 인류의 문명을 발전시키고 더 나아가 상생을 도모했다는 설도 이런 가닥에서 보면 일리가 있는 말이라 하겠다. 그래서 상생과 상극은 궁즉통窮則通의 원리와 유사하고 불교 교리인 반야심경의 색즉시공色卽是空 원리와도 맥을 같이 하는 상통의 대원리라고 볼 수 있을 것이다. "죽음을 생인 듯"과 "죽음이 죽음을 견디며 / 생명을 잉태할 것이니"의 구절에서 바로 위의 사상들을 간파할 수 있다. 그래서 '사막'이라는 죽음이나 극한 상황을 내포하는 개념들이 그것을 "견디며" 상극의 개념인 "생명을 잉태"한다는 종장에 다다르면 거칠고 삭막했던 사막은 달처럼 환하게 뭇 생명을 품고 환생하는 상생의 의미로 떠오르게 되는 것이다. 연

강수량이 생명을 지켜내기에 턱없이 부족하고 열사와 광풍이 휘몰아치는 최악의 현장에도 가만히 들여다보면 낙타같이 큰 동물도 있고 전갈과 사막여우, 방울뱀 들과 같은 짐승과 호양나무를 비롯하여 작지만 악조건을 극복하며 생명을 부지하고 있는 식물들도 있다. 사막과 죽음에서 생명을 이야기하고 잉태를 꿈꾸는 시인의 종심은 맑고 희망으로 가득하다.

버리고 온다는 게 더 가지고 돌아왔다

낙타를 탄다는 게 낙타에게 끌려다녔다

발자국 지운다는 게 무수히 남겨놓았다
—「사막 열흘」 전문

상극의 원리는 계속 이어지고 있다(버리다/가지다, 타다/끌려다니다, 지우다/남겨놓다). 여기 짝지어 놓은 용언들은 서로의 대척점에 위치하는 상대어들이다. 사막으로 여행을 떠나면서 시인은 넘쳐나는 물질과 복잡한 도시에서의 잡다한 생각들을 정리하고 싶었을 것이다. '사막'이라는 개념이 상징하는 '무無' '고갈枯渴' 등의 서정에 걸맞게 우리가 살고 있는 현실의 방만하고 과다한 것들을 죄다 버리고 홀가분한 마음으로 돌아오려고 했을 것이다. 그러나 시를 보면 혹을 떼러 갔다가 오히려 붙이고 돌아온 격이 되고 만 것으로 보인다. 본래 인간이 이 지구별에 살아가는 것 자체가 타인과 자연에게 온통 피해를 끼치고 신세를 지는 일이려니 어느 곳에 머문다 하더라도 피할 수 없는 노릇일 것이다. 인간이 살 수 없는 사막에까지 관광객들이 몰려다니며 수천 년 적막하던 오지도 이제는 인간의 때가 버려지고 들볶이는 처량한 꼴이 되고 말았다. 유사이래 조용하던 사막에 인간이 버린 화학 합성 물질과 썩지 않는 쓰레기가 넘쳐나고 조용히 유랑민들의 동반자였던 낙타도 잘난 몇 푼의 달러벌이에 고단한 몸이 되었을 것이니 어찌 처량하지 않았겠는가.

묵상과 정진을 통하여 번다했던 서울의 찌꺼기를 버리러 갔던 발자국은 혹시나 여행 가이드의 닦달에 부딪혀 새벽부터 어두워질 때까지 부리나게 떼밀려 다니며 서둘러 사진을 찍고 억지 기념품 가게를 전전하거나 특산물을 강매당하며 판에 박힌 루트를 다니지나 않았으면 천만다행이었겠다. 아마 시인은 귀국하여 비로소 이런 생각에 이르러 오히려 참담함을 느꼈을지도 모른다. 그러나 앞에 예시한 개념들(버리다/가지다, 타다/끌려다니다, 지우다/남겨놓다)이란 것도 어느 한편에 치우쳐 보지 않고 객관의 시각으로 중심을 잡고 보면 절대로 대척의 자리에 있지 않다는 것을 알 수 있다. 이미 인간의 뇌리에 선입견을 갖고 들어박힌 것들을 제거하고 나면 상극이 상생이라는 것을 감지하게 된다. 비록 짧은 '사막에서의 열흘'이었지만 단순히 '더 가지고' '끌려다니고' '남겨놓고' 온 것은 아니었다는 것을 「사막 열흘」은 짧고 강력하게 단언하고 있다.

2. '그늘'과 '후진'의 매력

뙤약볕 속 그늘은
사람을 불러 모은다

그늘이 비좁아도
아무런 불평 없다

작아도

넉넉한 살림
그늘에서 배운다
─「그늘」 전문

사십 년 탄 내 차는
후진이 서툴다

아내는 옆자리에서
주인 닮았다 타박이다

뒷걸음
칠 줄 알아야

사는 일 편할 텐데
─「후진」 전문

"그늘"과 "후진"이라는 제목들은 지금까지 보아온 김영재 시인의 이미지와 상반되는 소극消極의 의미를 담고 있는 것들이다. '양지'를 찾아다니며 사업에 청춘을 걸고 사륜구동 유틸리티 차량을 고속으로 '전진'시키던 모습은 보이지 않는다. "뙤약볕"이라는 시어에는 무한경쟁 사회의 광기가 숨어 있고 "사십 년"이 내포하고 있는 긴 시간에는 자동차를 운행하며 닥쳤던 충돌과 과속, 그리고 위험천만했던 도로에서의 질주가 고스란히 담겨 있을 것이다. 이제 종심이 되어서 그는 뙤약볕보다 "그늘"을, 전진보다 "후진"을 귀중하게 생각할 줄 아는 유연한 삶의 깊이를 시에 담아내고 있다. "그늘은 / 사람을 불러 모은다"는 서늘한 현실에서 "작아도 / 넉넉한 살림"을 사유하며, "후진이 서툴다"는 자각에서는 "뒷걸음 / 칠 줄 알아야 // 사는 일 편할 텐데"라는 삶의 반전과 지혜를 꿈꾸고 있는 것이다. 어디 인생이 열정과 패기만으로 가당키나 한 것인지 이제 시인은 눈을 감고 화엄과 같은 커다란 화두를 지그시 어루만지고 있다. 이렇게 짧고 명쾌한 단수들의 모습은 마냥 편안하고 그가 시에서 말한 연필심같이 예쁘게 둥글다. 작고 평범한 사유의 조각들은 오랜 갈등과 상처를 넘어 뒤늦게야 인간에게 다가오는 오롯한 것들이어서 이번 시집에 담긴 단시조들의 무게는 한결 묵직하고 포근하게 가슴에 와서 안기는 맛이 있다.

3. 인간의 길과 영생의 길

사슴이여 야생이여 그대 가죽을 벗겨

인간을 인도하는 신의 말씀 기록하노니

사막의 모든 족속들은 머리 숙여 경배할지니

사람이 한 번이라도 제 가죽에 경전을 적어

형제를 깨우쳤으며 제 몸을 헌신했느냐

녹피여 그대는 영생으로 뭇 생을 구했나니
—「녹피 경전」 전문

인간은 자연에서 모든 것을 취하고 이용하면서도 실제로 이 지구에 도움이 되거나 발전을 도모하는 어떠한 행위도 하지 않는다. 사람 하나가 태어나서 죽을 때까지 취하는 식자재와 주거 시설, 이동 수단, 의복과 소모품 등의 사용량을 계산하면 엄청난 물량이다. 그러나 오로지 자신을 비롯한 인간을 위한 것이지 자연의 복원이나 타 종족의 보호를 위한 활동은 전무하다고 보아야 할 것이다. 김영재 시인이 '사막의 족속들'이라고 표현했지만 기실 여기에 해당하는 "족속"은 인간뿐이라고 해도 과언이 아니다. 그 외의 족속들은 자연과 상생하는 범위 안에서 먹고 취하고 돌려줄 줄 아는 지혜를 이미 DNA에 갖고 태어난다. 아마 이 지구에 인간만 존재하지 않는다면 완벽하고 조화로운 지구가 순조롭게 영생할 수 있을지도 모른다.

인간의 진화 과정 중 어느 순간엔가 원시적인 언어 수단 또는 비언어적인 의사소통 수단에서 말을 통한 의사소통 체계가 생겨났을 것이다. 하지만 현존하는 언어들은 내용 면에서도 많이 다르며 각 언어들의 어휘로 표현할 수 있는 범위에서도 차이가 있다. 그렇지만 모든 인간 언어에는 문법이 있고 통사적 구조를 필요로 하고 새로운 낱말도 창의적으로 추가되고 있다. 이러한 경향은 언어의 일반개념에 속한다. 현재까지 연구된 이론이나 역사를 통합해보면 호모사피엔스 종족에 이르러 목의 구조나 인지능력을 고려할 때 언어를 사용할 수 있는 생득적 능력을 가지고 있었다고 추정된다. 최근 언어학자들 사이에서는 인간의 언어의 기원을 5만~10만 년 전으로 소급시키고 있다.

"인간을 인도하는 신의 말씀"을 기록한 것도 대략 이 시기였을 것이다. 그러나 그러한 사실이 이 시를 분석하는 데는 주요한 사항이 아니라 더 이상 부연하지 않기로 한다. 문자를 기록할 재료가 없었을 때 인간은 돌이나 나무에 기록을 남겨둔 바 있다. 알타미라동굴이나 고구려의 벽화가 바로 이런 종류에 해당하리라 본다. 그 후로 종이가 발명되기까지는 훨씬 더 많은 시간이 걸렸을 것이고 그 중간 단계로 목간이나 녹피같이 구하기 쉬운 재료를 잘 갈무리해서 문자나 그림을 남겼을 것으로 추측된다. 사슴은 인간의 먹이로 또는 혹한을 버티게 해주는 옷감으로 쓰였고 더 나아가 여기 "신의 말씀"을 기록하는 재료로 등장하게 된 것이다. 문자가 인간에게 자신들만의 지식과 역사를 후대에 전할 수 있는 지극히 유용한 도구라는 것은 주지의 사실이다. 문자는 인간의 문명을 급속도로 발전시키는 중요한 계기가 되었을 터이니 "녹피"는 시의 구절대로 "사람이 한 빈이라도 제 가죽에 경전을 적어 // 형제를 깨우쳤으며 제 몸을 헌신했느냐"라고 큰소리를 칠 만도 하다. "녹피여 그대는 영생으로 뭇 생을 구했나니"라는 종장의 구절에서 "영생"으로 상징되는 것은 "신의 말씀"과 직결되는데 이는 아직 문명이 발달하지 않은 선사시대에 인간의 삶에서 가장 근간이 되는 핵심 사항으로 이해할 수 있겠다. 녹피를 바친 '사슴의 희생'이 "신의 말씀"을 부활시켜서 "뭇 생을 구했나니" 사슴은 희생을 통하여 인간에게 "영생"의 길을 열어준 은인이라 하겠다. 거칠고 투박한 사슴 껍질에 완전하지는 못할지언정 "신의 말씀"을 기록했을 장인의 상처투성이 손이 오래도록 뇌리를 스친다. 그래서 알고 보면 세상에는 귀하지 않은 것이 하나도 없다 해도 과언이 아니다.

없는 길 열어가며 건너간다 타클라마칸

가는 사람 많았어도 돌아온 사람 없다

어차피 돌아올 수 없는 우리가 가는 그 길

—「타클라마칸」 전문

타클라마칸 사막은 모래사막으로 중국 타림분지 중앙에 있으며 북쪽의 톈산산맥天山山脈, 남쪽의 쿤룬산맥崑崙山脈, 서쪽의 파미르고원 등 높은 산맥들로 둘러싸여 있다. 사막 전체가 이동성 사구여서 흐트러지기 쉬운 충적토

위를 바람에 날리는 모래가 덮고 있는 형태이다. 이 모래의 두께가 수백 미터에 이르고 바람 부는 형태가 매우 불규칙하고 연강수량이 10~30mm 정도여서 몇 안 되는 강유역과 사막 주변 지역을 제외하고는 식생이 어려워 정착인구가 없다고 알려져 있다. 그래서 "없는 길 열어가며 건너간다"는 초장의 도입부는 장중하다. 바람의 방향과 세기를 분별할 수 없으니 길이 존재할 리 만무하다. 더구나 "가는 사람 많았어도 돌아온 사람 없다"라고 운을 뗀 중장은 이것을 구체적으로 뒷받침하며 시의 분위기를 더욱 침울하고 무겁게 끌어내리고 있다.

위와 같이 타클라마칸 사막의 일반 상식을 알고 읽으면 "어차피 돌아올 수 없는 우리가 가는 그 길"이라고 적은 종장의 깊고 긴 행간의 이야기를 읽어낼 수 있다. 돌아올 수 없는 길이라는 것은 타클라마칸 사막이 얼마나 위험하고 거친 악조건의 길인지를 암시한다. 그럼에도 우리가 그 길을 간다는 것에는 그 여정에 생명을 걸고 최선의 노력을 하겠다는 다짐이 들어 있다. 인간이 세상을 살며 도전하고 상처를 받고 그러나 다시 일어서서 새 발걸음을 내딛는 것이야말로 위대한 도전이라 할 수 있다. 그러니까 이 작품의 제목인 "타클라마칸"은 '인생'과도 일맥상통하는 동일한 개념이다. 사막이라는 막막한 소재를 통하여 인생의 도전과 고통을 동시에 풀어낸 단수의 힘이 녹록하지 않다.

4. 아름다운 생의 변방에서

인간은 벅차고 가슴이 뛰는 '청춘'을 만나고 또 지나가게 되어 있다. 민태원 선생의 유명한 글 「청춘 예찬」에서도 인생의 꽃인 '청춘'의 대척점에 '사막'을 설정해놓았다는 점은 시사하는 바가 크다. 청춘의 특징인 '설렌다, 끓는다, 힘 있다'의 상대편에 '쓸쓸하고, 부패뿐인, 꽃과 과실이 없는' 사막을 배치한 것은 청춘의 빛나고 역동적인 심장을 돌올하게 보이려 한 작가의 유기적 장치로 보여진다. 그러나 어느 누구도 평생 청춘의 힘으로만 살아갈 수는 없는 법이어서 종내는 '사막'을 건너가야 한다. 바로 그때를 적절하고 평온하게 유지하지 못하면 인생의 화평은 산산조각이 나고 만다. 여기 김영재 시인이 사막을 슬기롭게 건너간 작은 흔적들을 만나본다.

눈으로 읽을 수 없는
점자를 어루만지면

죽었던 신경들이
손끝에서 살아난다

왕모래
한입 삼켜도
울지 않던
심장이 운다

—「점자를 어루만지면」 전문

몸이 천 냥이라면 눈이 오백 냥이라는 속담이 있듯 신체 중에서 눈의 역할과 기능은 절대로 중요하다. 그러한 눈을 잃어버린 상태라면 인생의 사막이 아니고 무엇이랴. 그래서 시각장애인이 읽도록 고안된 점자는 그들의 눈이며 마음이라 할 수 있다. 비장애인이 글을 읽기 위해 눈에 힘을 모으듯이 "점자를 어루만지면" 몸의 모든 감각이 집중되며 "죽었던 신경들이 / 손끝에서 살아난다"는 말이 실감이 나고도 남는다. 손끝으로 읽어보는 문자의 향기와

저자의 서정이 심장으로 퍼지며 느껴지는 황홀이야말로 비장애인은 도저히 경험할 수 없는 경지려니 “울지 않던 / 심장이 운다”라는 극한의 표현이 지나치거나 경솔하지 않고 묵직하게 독자의 심금을 울린다. 더구나 “왕모래 / 한 입 삼켜”본 경험을 기억하면 그 순간 헉하고 숨이 멎었던 까마득한 정체감을 떠올리며 ‘심장이 우는’ 소리가 더욱 절절하게 다가올 것이다. 맹인이 건너가야 하는 마음의 ‘사막’을 손잡아 건네주는 “점자”와 그 둘을 얼싸안고 울어주는 “심장”의 떨림이 경건하게 다가오는 작품이다.

세상을 홀연 떠난 시인의 유고 시집

만취되어 집에 와 늦은 밤에 펼쳤다

그 사람 웃는 얼굴과 약력만 보고 잤다

서문은 아예 없겠고 서시는 어떤 시일까

피는 꽃 그늘에서 시 한 편 건졌을까

꽃 지고 열매 맺을 무렵 떠나갈 줄 알았을까

—「그, 시집」 전문

잊을 만한 그 배우
시골 버스 광고에 있었다

늙지 않은 그 모습
조금 잊혀졌을 뿐

인생은
내키지 않아도
변방이 있는 것이다

—「변방」 전문

누구든 나이가 들고 현직에서 물러나면 아무리 저명한 인사라 할지라도 세인에게서 잊히게 되고 더구나 세상을 하직하면 빠르게 순환하는 현실에서 너무나도 쉽게 사라지게 되는 것이 세상의 얇은 이치이다. 이러한 현상은 지극히 자연스러운 것이어서 야속하다거나 속절없다고 할 수도 없다. 대체로 유고 시집은 그가 갑자기 세상을 뜨거나 요절하는 경우에 발간되는 것이므로 받아 보는 이의 충격과 아쉬움이 클 것이다. 그리고 한 시절 유명세를 탔던 인물이라도 은퇴하면 새로운 인물에 가리고 사람들의 뇌리에서 멀어지는 것이 순리이다. 그래서 더욱 "시골 버스 광고"에서 만난 배우가 반가웠을 것이다. 위 두 작품을 관통하는 축은 '시간'이다. "세상을 홀연 떠난" 시인과 "늙지 않은 그 모습"의 배우와 우리가 함께 즐거워했고 감정을 소통했던 지나간 '시간'이 소중하게 다가오는 나이가 정겹고 고즈넉하다.

시인에게 "피는 꽃 그늘"은 한창 때였을 것이고 배우에게 "늙지 않은 그 모습"은 인기가 절정에 있던 시절이었을 것이니 그들은 아직 사막에 도달하기 전의 모습이다. 그러나 시인은 당당하게 '나이와 시간'을 붙잡고 매달리지 않으려 한다. 자연스럽게 보내주고 흘러간 시간에 순응하며 "꽃 지고 열매 맺을 무렵"을 체득하고 "인생은 / 내키지 않아도 / 변방이 있는 것"에 노심초사하지 않는 여유와 항심을 잘 지키고 있다. 이것이 바로 김영재 시조의 저력이 아니겠는가.

5. 저물어도 당당한

자유시집을 제외하더라도 일곱 번째 시조집을 상재하는 김영재 시인은 전국의 산을 쉬엄쉬엄 다니면서 여유와 즐거움을 챙긴다. 사실 20대에 등단하여 마흔 살쯤에 고참 시인이 되고 육십 전후에 세상을 떠난 선배 문인들을 생각해보면 감회가 남다른 시절이긴 하지만, 이제 육십 청춘의 신화는 더 이상 신화가 아닌 엄연한 현실이다. 더 바랄 것이 있다면 인생의 높고 깊은 사유들을 보다 여유로운 시간을 갖고 향기 짙은 작설차를 우려내듯 하면 좋을 것 같다.

사막 횡단 차창 밖 전후좌우 모래다

졸다가 깨어나 이 생각 저 궁리 해봐도

사막은 모래뿐이나

좌우가 없었다

종일을 가도 가도 아스라한 모래 위에

살아 있기도 했지만 죽어 있는 호양나무

생사가 별게 아니었다

그 모습 당당했다

—「사막은 좌우가 없다」 전문

하루 종일 차를 달려가도 온통 모래뿐인 사막에서 "살아 있기도 했지만 죽어 있는" 생사를 초월한 호양나무를 보며 좌우를 너무 극명하게 표현하며 살아가야 하는 분단국가의 고정관념도 내팽개칠 수 있었을 것이다. "사막은 모래뿐이다 // 좌우가 없었다"라는 스치듯 지나쳐 가는 독백도 "종일을 가도 가도 아스라한 모래 위에"서는 시였고 맹서였으리라. 좌우가 존재하면 상하도 존재하고 전후도 존재하는 법이라는 아주 단순하고 자연스러운 깨달음이 행간에 짙게 배어난다. 하룻밤에도 모래가 수백 미터의 산을 이루고 연간 강수량 10mm 이하의 극지에서도 사막을 건너고 죽음을 넘어설 화두는 이러했다. "생사가 별게 아니었다 // 그 모습 당당했다”. 더 이상의 부연이 필요 없다.

원고를 받고서도 한참을 망설이고 서성대던 글이 선생의 일상과 종심의 마음을 헤아리면서 순식간에 마무리되었다. 필자의 습관이기도 했지만 마치 참았던 졸음과 긴장이 풀리며 깊고 깊은 수렁으로 쑥 빠져들어 가는 느낌이었다. 다시 한번 김영재 시인의 모든 시조집을 살펴보게 된 것도 의미 있는 일이었고 그 세월과 함께 부딪고 어깨를 겯으며 인사동 골목과 공덕동 순댓국집을 선생과 함께 추억하게 된 것도 여여與與한 곳에서 소회를 푸는 즐거움이었다. 새 시집 『녹피 경전』이 담아내고 있는 지순한 메시지는 단언컨대 격하고 무성했던 거친 들판을 용감하고 당당하게 지나온 사람만이 전할 수 있는 오롯한 인생의 낙관이라 믿는다. 선생 앞에 놓인 적지 않은 시간, 시조의 백두대간을 섭렵할 종심 청춘의 더 많은 이야기를 기대하게 되는 것도 이런 까닭이다.

김영재

전남 승주 출생. 1974년《현대시학》등단.
시집『히말라야 짐꾼』『화답』『홍어』『오지에서 온 손님』『겨울 별사』『화엄동백』『절망하지 않기 위해 자살한 사내를 생각한다』『참나무는 내게 숯이 되라네』『다시 월산리에서』, 시화집『사랑이 사람에게』, 시조선집『참 맑은 어둠』『소금 창고』, 여행 산문집『외로우면 걸어라』등 출간.
순천문학상, 고산문학대상, 중앙시조대상, 한국작가상, 이호우시조문학상, 가람시조문학상 등 수상.
chaekjip@naver.com

녹피 경전

—

초판 1쇄 2018년 10월 12일
지은이 김영재
펴낸이 김영재
펴낸곳 책만드는집

—

주소 서울 마포구 양화로3길 99, 4층 (04022)
전화 3142-1585 · 6
팩스 336-8908
전자우편 chaekjip@naver.com
출판등록 1994년 1월 13일 제10-927호

—

ISBN 978-89-7944-665-4 (04810)
ISBN 978-89-7944-354-7 (세트)